Collection dirigée par Philippe Nessmann

Iconographie : Sidonie Reboul
Maquette : Studio Mango

Loi n°49-956 du 16 juillet 1949
sur les publications destinées à la jeunesse
Dépôt légal : février 2005
Photogravure : SNO
Imprimé en France par PPO Graphic, 93500 PANTIN
n° d'édition : M05005

www.editions-mango.com

Kézako ?

Les machines

Textes de Charline Zeitoun
Illustrations de Peter Allen

MANGO JEUNESSE

Les voitures, la grue du chantier, le lave-linge...
Le monde est rempli de machines très compliquées. Mais il existe aussi des machines très simples comme les poulies ou les leviers. Sais-tu que tu peux multiplier ta force grâce à des poulies ? Comment obtenir la plus puissante des catapultes ? Et comment fabrique-t-on un bras de robot ? Réalise les expériences de ce livre et les machines n'auront plus de secrets pour toi.

RADIO ALARM
AUTO RADIO
ALARM ON
ARIBO
ON
OFF
SLEEP
60

UNE MACHINE, C'EST QUOI ?

Il y a beaucoup de machines à la maison ! Mais a-t-on vraiment besoin de tous ces batteurs et autres mixeurs ? Les machines sont-elles aussi utiles que ça ?

Teste l'utilité des machines

Il te faut :
- un casse-noix
- une noix
- un vélo, une trottinette ou des rollers
- un copain

1 Prends la noix dans le creux de ta main. Ferme la main en appuyant de toutes tes forces. Arrives-tu à casser la noix ?

2 Maintenant utilise le casse-noix. Y parviens-tu ?

> **Le sais-tu ?**
> Les machines ont besoin d'énergie pour fonctionner. Pour le vélo, l'énergie vient de la force de tes muscles. Pour une voiture, elle vient de l'essence qu'on met dans le réservoir. Pour le lave-linge, elle vient du courant électrique qui arrive dans la prise.

3 Dans la rue, monte sur le vélo ou sur la trottinette, ou bien chausse tes rollers. Ton copain reste à pied. Faites une course. Qui gagne ?

Impossible de casser la noix à main nue ! Et pour la course, c'est toujours celui à pied qui perd. Grâce au casse-noix, tu écrases plus fort. Grâce au vélo, à la trottinette, ou aux rollers, tu te déplaces plus vite. Pourtant, tu es toujours le même : la force de tes muscles n'a pas changé. Mais, grâce aux machines, tu l'utilises mieux. Tu parviens alors à faire des choses impossibles autrement. Les machines nous rendent service en nous permettant d'utiliser au mieux les forces.

VIVE LES PENTES !

Oh hisse ! Pour construire une pyramide, il faut empiler d'énormes blocs de pierre. Mais à l'époque des Égyptiens, il n'y avait pas de grue. Comment soulevaient-ils les blocs jusqu'en haut ?

Fais mieux qu'Astérix !

Il te faut :
- trois briques de lait
- de la ficelle
- une longue planche

1 Pose deux briques de lait, l'une sur l'autre. Entoure la ficelle autour de la troisième et fais un double nœud.

2 En tirant sur la ficelle, soulève la brique et pose-la sur les deux autres. Est-ce dur ?

3 Pose ton livre Kézako avec un côté sur les briques, pour fabriquer une pente.

4 Place la brique sur le livre, en bas de la pente. Tire sur la ficelle pour la faire monter sur les deux briques. Est-ce plus facile ?

5 Remplace le livre par la planche pour faire une pente plus longue. Tire la brique comme tout à l'heure. Est-ce plus facile ?

Pas facile de soulever la brique. En la tirant sur une pente, c'est mieux. Celle-ci permet de mieux utiliser ta force : c'est la plus simple des machines. Elle oblige à tirer plus longtemps, mais l'effort est réparti sur toute la longueur. Plus la pente est faible, plus il est facile de tirer ! Il y a 4600 ans, pour construire les pyramides, les Égyptiens tiraient sans doute les blocs sur une longue pente en terre,qui était ensuite enlevée.

COMME SUR DES ROULETTES

Que de roues ! Bien sûr, tu sais qu'elles servent à rouler. Veux-tu voir à quoi ça ressemblerait si elles n'existaient pas ?

Fais rouler un poids lourd !

Il te faut :

- trois crayons ou trois feutres bien ronds
- une brique de lait
- un élastique

1 Entoure la brique de lait avec l'élastique. Pose-la sur une table. Pince l'élastique du bout des doigts et tire. Que se passe-t-il ?

2 Maintenant pose les trois crayons à 1 cm les uns des autres. Pose la brique de lait dessus, comme sur le dessin.

3 Pince l'élastique du bout des doigts et tire. Que se passe-t-il ?

Vrai ou faux ?
Les engrenages sont de petites roues avec des dents.

Vrai. Les dents des roues s'emboîtent les unes dans les autres. Du coup, lorsqu'une roue tourne, elle entraîne l'autre. Cela sert par exemple à faire tourner les aiguilles d'une montre.

Sans les crayons, l'élastique s'étire mais la brique peine à bouger. Posée sur les crayons, elle bouge tout de suite. Pourtant, tu l'as tirée avec la même force. La différence, ce sont les crayons : sans eux, la brique frotte sur la table. Cela crée une force qui s'oppose à celle de tes muscles et empêche la brique de bouger. Sur les crayons, la brique ne frotte plus sur la table. Plus rien ne s'oppose à la force de tes muscles : la brique bouge comme sur des roulettes. Pour déplacer une lourde charge, une machine à roulettes, c'est bien pratique !

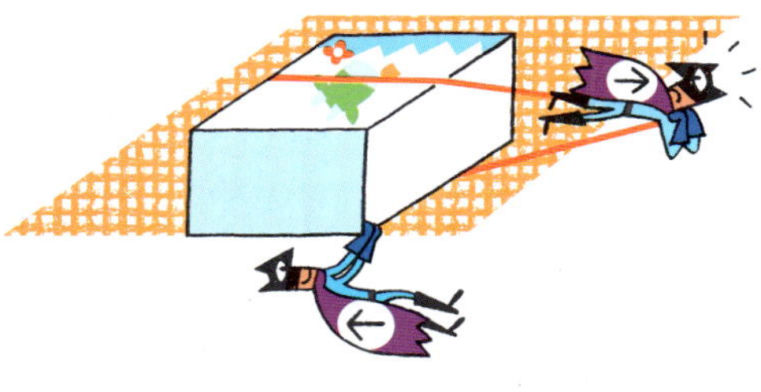

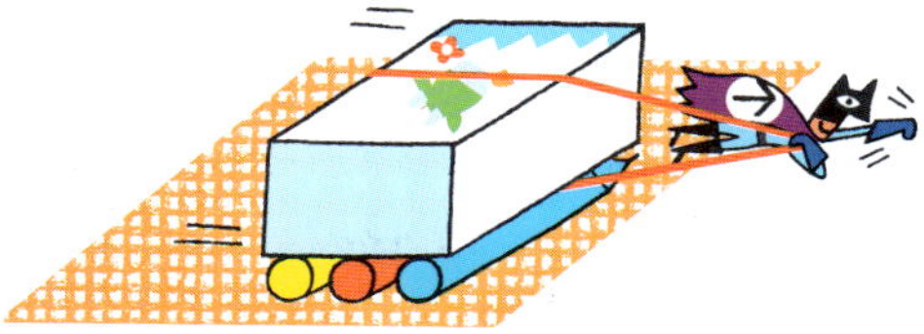

UNE POULIE

Pour remonter le filet plein de poissons, on passe la corde autour d'une poulie. C'est mieux que de tirer directement sur la corde.

Tire au lieu de soulever

Il te faut :
- une brique de lait
- un long crayon
- un adulte
- une ficelle ou un brin de laine de 3 mètres de long
- une grosse bobine de fil vide

1 Attache la brique de lait avec la ficelle. Pose la brique par terre.

2 Attrape la ficelle près de la brique et tire vers le haut pour la soulever le plus possible. Repose-la.

3 Rentre le crayon dans la bobine et demande à l'adulte de le tenir solidement par les deux bouts à la hauteur de sa poitrine.

4 Passe la ficelle autour de la bobine et tire la ficelle vers le bas pour soulever la brique. Est-ce plus facile que tout à l'heure ?

Poursuis l'expérience

Recommence l'expérience en demandant à l'adulte de lever les bras en l'air. Tu arrives à faire monter la brique au-dessus de toi ! Sans poulie cela aurait été impossible.

Faire monter la brique est beaucoup plus facile avec la ficelle autour de la bobine. Ta bobine joue le rôle d'une poulie. Elle change la façon dont tu tires sur la ficelle : sans elle, tu tires vers le haut. Avec elle, tu tires vers le bas. C'est mieux car tu peux alors utiliser ton propre poids pour t'aider. Pratique, cette machine ! On pense que les Grecs l'ont inventée au IVe siècle avant Jésus-Christ. Depuis, elle est très utilisée pour hisser de lourdes charges.

PLEIN DE POULIES !

En utilisant plusieurs poulies, les grues peuvent soulever des charges très lourdes. Ce système de poulies s'appelle un palan.

Multiplie ta force

Il te faut :
- deux balais vernis
- une corde
- deux copains

Vrai ou faux ?
Avec un système de six poulies, tu pourrais soulever une grosse armoire.

Vrai. Avec six poulies placées comme dans l'expérience des balais, tu multiplies ta force par six. Si tu pèses 25 kg, tu peux soulever une armoire de 150 kg !

1 Demande à tes copains de tenir chacun un balai à deux mains, l'un en face de l'autre.

2 Attache la corde sur l'un des balais avec un double nœud.

3 Entoure la corde sur les balais en faisant trois aller-retour, comme sur le dessin.

4 Dis à tes copains qu'ils vont devoir résister de toutes leurs forces pour que les balais ne se rapprochent pas. Attrape la corde et tire fort ! Que se passe-t-il ?

Tu parviens à rapprocher tes copains même s'ils résistent ! Cela veut-il dire que tu es plus fort qu'eux deux réunis ? Non, mais tu as fabriqué une machine qui accroît ta force. Les boucles de la corde autour des balais fonctionnent comme des poulies. Et lorsque tu utilises plusieurs poulies ensemble, cela multiplie ta force. Ici, il y a l'équivalent de six poulies : ta force est multipliée par six. Super pour bluffer les copains !

L'EFFET LEVIER

Une brouette, c'est très utile pour transporter une lourde charge. Mais à ton avis, où faut-il mettre ses mains pour que ce soit plus facile : près de la roue ou loin de la roue ?

Fabrique une catapulte

Il te faut :
- une règle plate de 30 cm
- une gomme
- des crayons

1 Dans une pièce loin des meubles, tiens la règle devant toi par un bout. Pose la gomme tout contre ta main.

2 Avec un geste rapide, fais faire un demi-tour à ta main vers l'extérieur. Pose un crayon à l'endroit où la gomme est tombée.

Le sais-tu ?
De nombreuses machines utilisent les leviers. Les deux longs manches du casse-noix font levier pour mieux écraser. Et le manche du marteau est long pour faire levier et taper fort.

3 Retourne à l'endroit du lancer. Pose la gomme au milieu de la règle et recommence. La gomme tombe-t-elle plus loin ?

4 Recommence en posant la gomme au bout de la règle. Que remarques-tu ?

Plus la gomme est loin de ta main sur la règle, plus elle retombe loin. Ta règle sert de levier. Un levier est une barre qui tourne autour d'un point fixe. C'est une machine très simple qui multiplie ta force. Plus le levier est long, plus la force est grande : plus la gomme est posée loin de ta main, plus elle part vite. Il se passe la même chose avec une brouette. Les bras de la brouette agissent comme des leviers qui tournent autour de la roue. Plus tu les attrapes loin de la roue, plus tu parviens à soulever de lourdes charges.

MACHINE À LOOPING

Super le grand 8 pour se mettre la tête en bas ! Quelle sensation ! Heureusement que personne ne tombe du manège. C'est bien sûr grâce aux ceintures de sécurité, mais pas seulement...

Fais faire un looping à une bille

Il te faut :
- un gobelet en plastique
- un fil de la longueur de ton bras
- une aiguille
- une bille

1 Demande à un adulte d'enfiler le fil sur l'aiguille. Perce le haut du gobelet avec l'aiguille. Fais-la ressortir et perce l'autre côté du gobelet.

2 Enlève l'aiguille. Fais un double nœud juste au-dessus du gobelet.

3 Place la bille dans le gobelet. Noue le bout du fil à un doigt et mets-toi debout, loin des meubles.

4 Balance un peu le gobelet puis fais-lui faire des tours complets en tournant vite. La bille tombe-t-elle ?

Cherche l'intrus
Laquelle de ces machines n'utilise pas la force centrifuge : une essoreuse à salade, une machine à laver, un vélo.

Le vélo. Dans les deux autres, le récipient ou le tambour est percé de petits trous. Il tourne très vite. La force centrifuge pousse alors l'eau vers l'extérieur jusqu'à ce qu'elle sorte par les trous.

Waooh ! Quels loopings ! La bille ne tombe pas du gobelet. Exactement comme dans les manèges de la fête foraine, mais sans ceinture de sécurité. Qu'est-ce qui retient la bille ? Lorsqu'une chose ou une personne tourne vite en rond, elle est poussée vers l'extérieur. Tu l'as sans doute ressenti sur le tourniquet d'un square. C'est ce qui se passe dans le gobelet : lorsque la bille est en haut, elle est poussée vers l'extérieur, vers le haut, comme si quelqu'un la retenait. On appelle cela la force centrifuge.

MACHINE À PROPULSION

Pas de rames ! Pas de voiles ! Ce bateau avance grâce à sa grande roue à l'arrière. Elle s'appelle roue à aubes et tourne grâce à un moteur.

Réalise un bateau à roue !

Il te faut :

- une briquette de jus de fruit vide
- quatre élastiques
- deux crayons
- une vieille carte téléphonique
- des ciseaux
- une baignoire ou un évier

1 Entoure la briquette avec trois élastiques. Glisse les deux crayons sous les élastiques, sur les petits côtés de la briquette.

2 Accroche le dernier élastique au bout des deux crayons.

3 Demande à un adulte de couper la carte plastifiée en quatre.

4 Glisse un des bouts dans l'élastique et fais-le tourner dix fois vers toi. Tiens-le bien et pose la briquette dans l'eau. Lâche tout : que se passe-t-il ?

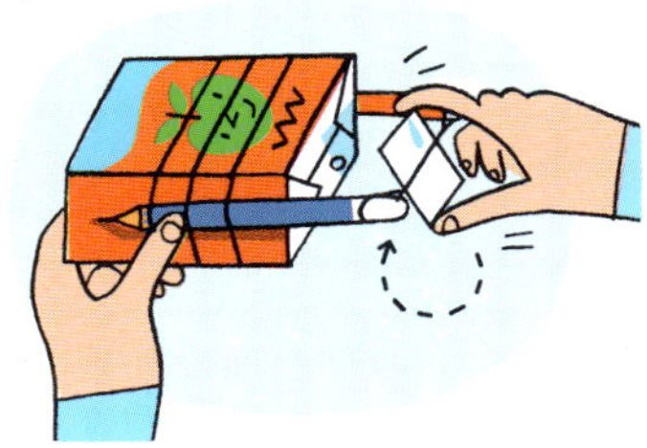

Le sais-tu ?
Un ressort fonctionne comme un élastique. Si tu l'étires, il reprend ensuite sa forme de départ. Il produit alors une force qu'on peut utiliser pour faire fonctionner une machine.

Le bout de carte en plastique tourne et la briquette avance toute seule ! Ton bateau fonctionne comme celui de la photo. Le morceau de carte joue le rôle de la roue à aube. Et l'élastique, celui du moteur. En faisant tourner le bout de carte sur lui-même, tu as obligé l'élastique à s'étirer. Quand tu lâches tout, celui-ci reprend sa forme de départ et ça fait tourner le morceau de carte dans l'autre sens. Il pousse l'eau vers l'arrière. Et cela propulse la briquette vers l'avant.

LES ROBOTS

Au travail ! Les robots sont des machines qui travaillent toutes seules. On les envoie par exemple étudier les planètes lointaines, à la place des hommes.

Construis un bras robot

1 Coupe les feuilles en deux. Plie chaque bout en trois comme sur le dessin.

Il te faut :

- deux feuilles de petit cahier
- des ciseaux
- un stylo
- quatre attaches parisiennes
- quatre longs crayons

2 Avec le stylo, perce chaque bande de papier en haut et au milieu.

3 Prends deux bandes, place-les en croix. Enfonce une attache parisienne dans le trou du milieu. Recommence avec les deux autres bandes.

Le sais-tu ?
Dans les usines, des robots remplacent parfois les hommes. On les utilise pour les travaux répétitifs, avec toujours les mêmes gestes. Par exemple, pour peindre les voitures ou faire de la soudure.

4 Accroche les deux croix ensemble en enfonçant les deux dernières attaches parisiennes comme sur le dessin.

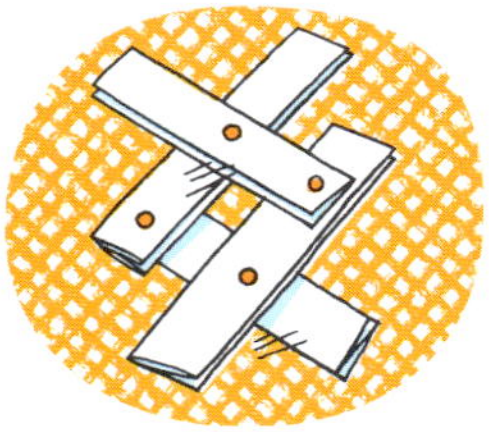

5 Glisse un crayon dans chaque bande de papier.

Tu as fabriqué un bras robot ! En écartant ou en rapprochant ses extrémités, il s'allonge ou se rétracte. Avec d'autres bandes de papier, tu pourrais l'allonger encore plus ! Et, par exemple, allumer un interrupteur à l'autre bout de la pièce sans bouger de ton fauteuil ! Pratique si on ne peut pas marcher. Pour que ce bras fonctionne tout seul, comme un vrai robot, il faudrait qu'il ait un moteur. Ensuite, il faudrait le brancher sur un ordinateur qui lui donnerait des ordres.

Et si, un jour…
il n'y avait plus de machines…

« Je vais vous détruire avec mon bras mécanique… »
— Ahhh ! Arrête cette télé !, hurle Charlotte.
— Mais ce n'est qu'un film, explique Stéphane. Verminator n'existe pas !
— Heureusement ! Quelle horrible machine ! Et d'abord, je déteste les machines, j'aimerais qu'il n'y en ait aucune sur Terre !

— Tu voudrais vraiment supprimer les machines, demande Stéphane, surpris.
— Oui, je pourrais très bien m'en passer !
— Et pour les vacances, comment irais-tu de Paris à Toulouse, sans voiture, sans train et sans avion ?
— Bah… à cheval, comme au Moyen Âge ! Il n'y avait pas toutes ces machines, et on vivait très bien !

— Au Moyen Âge, rectifie Stéphane, il y avait déjà des machines.
— Ah oui, et lesquelles ? demande Charlotte.
— Pour construire les cathédrales, on utilisait des grues en bois. Et pour moudre le blé, il y avait des moulins à vent et des roues à aubes !
— Ouais… Eh bien moi, j'aimerais vivre sans machine, comme au temps des Égyptiens !

— Erreur, ma petite ! sourit Stéphane.
— Quoi encore ?
— Pour bâtir les pyramides, les Égyptiens construisaient des pentes. Ce sont des machines ! Et pour fabriquer les tissus qu'ils portaient, ils avaient des métiers à tisser !
— Et bien alors, s'énerve Charlotte, je voudrais vivre habillée de fourrures, dans une caverne, avec l'homme de Cro-Magnon.
Ça te va comme ça ?

— Heu, non, toujours pas, répond Stéphane.
Charlotte hausse les épaules :
— Bah ! Les hommes préhistoriques n'avaient pas de trains, ni de grues, ni de poulies...
— Non, mais ils utilisaient déjà des outils pour se faciliter la vie : des arcs pour donner de la vitesse aux flèches, des haches avec un long manche pour donner des coups avec plus de force...

Charlotte regarde autour d'elle...
— Et bien j'aimerais... j'aimerais... être comme le poisson rouge dans le bocal. Ça te va ?
— Oui, mais dans ce cas, j'enlèverai la machine qui fait des bulles !
— Bon, c'est bon, tu as gagné : j'aime les machines ! On fait une partie de baby-foot ?

Dans la même collection

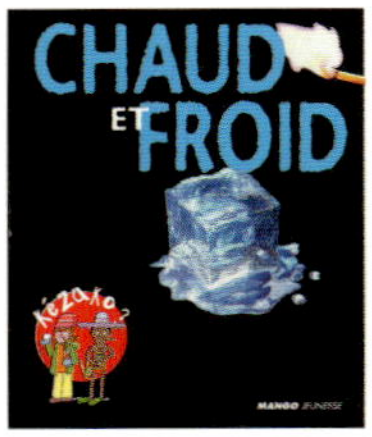

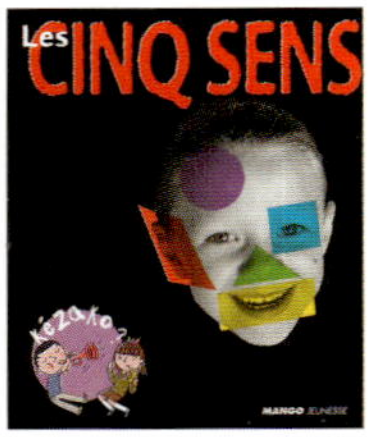

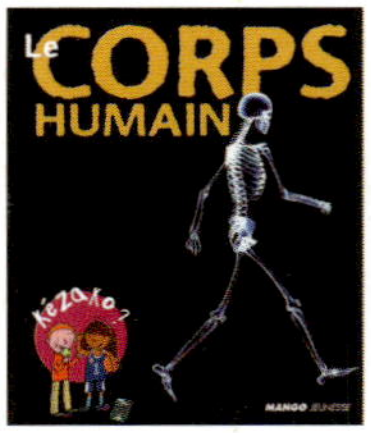

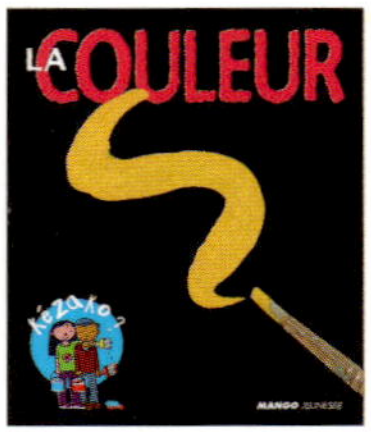

Crédit photographique

Jean-Claude THUILLIER / REA : couverture
Photodisc Bleu / Getty : page 2-3
Tom Stewart / Corbis : page 4
Lonely Planet Images / Getty : page 6
Pierre Gleizes / Réa : page 8
Stuart Westmorland / Corbis : page 10
The Image bank / Getty : page 12
Emmerichwebb / Photonica : page 14
Photolibrary.com / Photonica : page 16
Richard Cummins / Corbis : page 18
NASA : page 20